Mi abuelo
el Presunto

PREMIO EDEBÉ DE LITERATURA INFANTIL

Paloma Bordons

Mi abuelo el Presunto

PREMIO EDEBÉ DE LITERATURA INFANTIL

Obra ganadora del premio Edebé de Literatura Infantil (XII edición) según el fallo del jurado compuesto por: Ricardo Alcántara, Pep Duran, Victoria Fernández, Esperanza Nova y Roberto Santiago.

© Paloma Bordons, 2004

© Edición: Edebé, 2005
Paseo de San Juan Bosco, 62
08017 Barcelona
edebe.com

Directora de Publicaciones: Reina Duarte
Diseño de la colección: Book & Look
Ilustraciones: Francesc Rovira

18.ª edición

ISBN: 978-84-236-7558-6
Depósito legal: B. 34561-2011
Impreso en España / Printed in Spain

Queda terminantemente prohibido cualquier uso de esta publicación para entrenar tecnologías de inteligencia artificial (IA) generativa. El autor y el editor se reservan todos los derechos de licencia de uso de esta obra para dicho fin y para el desarrollo de modelos lingüísticos de aprendizaje automático.

Cualquier forma de reproducción, distribución, comunicación pública o transformación de esta obra solo puede ser realizada con la autorización de sus titulares, salvo excepción prevista por la ley. Diríjase a CEDRO (Centro Español de Derechos Reprográficos) si necesita fotocopiar o escanear algún fragmento de esta obra (www.conlicencia.com; 91 702 19 70 / 93 272 04 45).

Índice

1. A mamá se le quema el puré de verduras 7
2. ¿Y si tengo un abuelo falso? 13
3. Pues no se va 19
4. Mi abuelo es un presunto 29
5. A solas con el Presunto 35
6. Soy cómplice 45
7. El abuelo y los *donígonos* 49
8. Donde él sabe que yo sé 59
9. La muchedumbre 65
10. Montamos el numerito 73
11. Petra 77
12. ¿Artista o farsante? 83

13. Top Respira me amarga la vida 89
14. El abuelo toma las riendas 95
15. Sucesos dramáticos 101
16. Las aventuras del Farandulero
    Fregado 109

1
A mamá se le quema el puré de verduras

—¡Oh, cielos, tened piedad de mí! —gime mamá.

Pone la cacerola al fuego y se desmaya.

No es que mi madre sea muy desgraciada. Es que está ensayando una obra de teatro.

Se pone de pie, destapa la cacerola y sale un olor que no me gusta nada.

—¿Qué hay de cena? —pregunto.

—Puré de verduras.

—¡Puag, cielos, tened piedad de mí! —digo arrugando la nariz.

Y entonces llaman a la puerta. A lo mejor los cielos han tenido piedad de mí y un policía viene a confiscar nuestro puré de verduras. Seguro que está prohibido por la ley.

Pero en la puerta sólo hay un señor viejo con una maleta. Me mira muy fijamente y dice bajito:
—Hola, Carmen.
—No soy Carmen. Soy Lola. ¿Y tú quién eres? —pregunto.
—Soy tu abuelo —dice él.
—Yo no tengo ningún abuelo.
—¿Quién es? —pregunta mamá desde la cocina.
—Uno que dice que es mi abuelo.

Mamá se asoma, mira al señor y se queda pasmada, sin decir nada. Igual que una vez en el teatro, que se olvidó de su papel. El señor tampoco habla ni se mueve. Y así un buen rato, como si se hubiera parado el mundo. Tardo bastante en atreverme a decir:
—Huele a quemado.
—¡El puré! —grita mamá echando a correr hacia la cocina.

¡Uf, menos mal! El mundo vuelve a girar.

* * *

El señor viejo se queda a cenar y mamá hace huevos fritos. El puré de verduras se ha quemado, ¡mira tú qué suerte!

Creo que mamá está un poco nerviosa. Se le rompe la yema del primer huevo y se le queda dura la del segundo. El único que queda bien se lo come el señor que dice que es mi abuelo. Y mientras revienta la yema, encima protesta. ¡Qué morro! Que le sientan mal las comidas con grasa, dice. Pues bien que rebaña el plato con el pan.

Yo espero un rato para ver si el señor nos explica por qué ha tardado tanto en venir, si es tan abuelo mío como dice. Pero qué va. Él sólo moja pan y de vez en cuando menea la cabeza, me mira y repite:

—Ay, Carmen, Carmen...

—Lola, padre —corrige mamá.

Los ojos del señor parecen dos canicas

grises con hilitos rojos. Cuando me mira siento como agujitas de frío. Por eso cuando mamá se levanta para quitar los platos, yo corro a ayudarla en la cocina. Es que hoy cenamos en el salón, como si fuera Nochebuena.

—Mamá —cuchicheo—, ¿de verdad que ése es mi abuelo?

—De verdad.

—¿Y si es mi abuelo, por qué nunca lo había visto?

—Ay, Lola, es una historia muy larga... Estábamos un poco... distanciados.

—¿«Distanciados» quiere decir que vivía lejos?

—Bueno..., sí que vivía lejos. Pero cuando digo «distanciados», quiero decir, sobre todo, que no nos llevábamos muy bien.

—¿Por qué?

—¡Se las tragó la tierra, che! —gruñe en el salón el señor que por lo visto es mi abuelo—. Linda manera de tratar a las visitas.

Mamá me agarra del brazo y volvemos pitando a la mesa. Creo que a ella también le da un poco de miedo el señor este.

2
¿Y si tengo un abuelo falso?

Qué fastidio. Mamá me manda a la cama nada más cenar, sin tele y sin viaje de Mariquilla Trotamundos.

Mariquilla es una niña viajera que recorre el mundo volando en un globo. Todas las noches, cuando me acuesto, mamá se sienta en mi cama y se inventa una aventura de Mariquilla. En sus viajes, Mariquilla se salva por los pelos de unos peligros tremendos. Cuando ya se ha salvado, mamá va hacia la puerta recitando estas palabras:

«El globo se elevó en el cielo y se fue haciendo chiquitito hasta que se perdió de vista. Ahí iba Mariquilla, en busca de nuevos países y nuevas aventuras.»

¡Clic! Apaga la luz y yo me imagino el globo cada vez más pequeño en un cielo muy azul. Eso me da mucho sueño. A veces me duermo antes de que el globo desaparezca.

Pero esta noche, sin globo, tardo un montón en dormirme. Oigo a mamá y al señor hablar en el salón. La voz de mamá tiembla un poco, y usa palabras como de teatro. «Sufrir», dice. «Amargura... Irresponsable...» A lo mejor le está recitando al señor su papel en la obra de teatro.

Cuando ya estoy casi dormida, empiezo a subir por los aires. Mariquilla y yo volamos sobre la sabana africana... No. Es mamá que me saca en brazos de la cama.

—Tienes que dejarle la cama a tu abuelo —murmura.

Y me pone en el suelo en un colchón.

¡Qué lata de señor!

* * *

No se duerme muy bien en el suelo, y el señor ronca. Pero esta mañana estoy contenta de tener abuelo, sobre todo para contárselo a Susana y a Pato. Es que yo no tengo de nada: ni padre, ni hermanos, ni primos. Una abuela que tenía se murió cuando yo era bebé. Se llamaba Dolores, como yo, aunque a mí todos me dicen Lola, porque Dolores hace muy serio.

El bobo de Pato no me quiere creer.

—¿Así de pronto? No puede ser. Los abuelos se tienen desde que naces. No puede ser que te toque uno de golpe, como en una rifa.

—Dice mi madre que mi abuelo y ella estaban «distanciados», que quiere decir «lejos y peleados».

—¿Peleados desde antes de que nacieras? —se extraña Pato.

—A lo mejor uno de los dos hizo algo terrible y el otro ha tardado todo este tiempo en perdonarle —interviene Susana.

—Mi madre nunca ha hecho cosas terribles —digo yo—. El otro día me dio un cachete y fue ella la que lloró.

—Pues tu abuelo entonces.

Me acuerdo de esos ojos grises que hacen daño. Una persona con unos ojos así es capaz de cualquier cosa.

—Sí. A lo mejor ha sido él —admito.

—Pero..., ¿cómo es? —me pregunta Susana.

Me encojo de hombros.

—Habla raro. Gruñe bastante. Y ronca.

—¿Qué te ha traído de regalo?

—Nada.

—¿Nada? —se sorprende Pato—. ¿Te debe los regalos de nueve cumpleaños y no te trae nada? ¡Eso no es un abuelo!

—A lo mejor no ha tenido tiempo de comprar un regalo. O es pobre. O lo tiene guardado para dárselo más tarde —Susana siempre tratando de arreglar las cosas.

—¿Y te ha llevado por lo menos al cine?

—¡Pero si lo conoció ayer! —exclama

Susana—. Además, si ronca es mejor que no te lleve. Mi abuelo ronca en el cine y es un corte.

—Toma, mi abuelo también ronca en el cine —dice Pato—. Pero como vamos a ver películas de mucha acción, no se le oye.

—Mi abuelo y yo nos comemos las palomitas en un banco —dice Susana—, y mientras él me cuenta unas historias que son como de cine. De cuando era joven y eso.

—El mío también cuenta muchas batallitas —añade Pato.

—El mío no habla mucho —admito un poco desilusionada.

—¡Pero si lo acabas de conocer, boba! —me anima Susana.

—Yo que tú me andaba con ojo —dice Pato—. ¡Mira que si es un abuelo falso!...

3
Pues no se va

Entro en mi habitación al volver del *cole*. Huele raro.

El armario está abierto y en la estantería de arriba, donde guardo la caja de mis peluches, sobresale una caja negra que antes no estaba. ¿Será algo que el abuelo ha dejado para mí? Me subo a una silla de puntillas para investigar.

Qué raro. La caja de mis peluches ya no está. En su lugar hay una maleta vieja. Y encima está la caja negra. Tiro de ella. No es una caja. Es un maletín estrecho y largo. Y está cerrado con llave.

—¿No te ha dicho nunca tu mamá que no *debés* fisgar en las cosas de los grandes? —gruñe una voz a mi espalda.

Del susto me caigo al suelo. Allí está él, mirándome con sus ojos que pinchan. Lleva la bata rosa de mamá sobre los hombros. ¡Y yo que pensé que se había ido!

—¿Has sacado a Petra? —pregunta con vozarrón de ogro.

—No... No he sacado nada —tartamudeo—. ¿Quién es Petra?

El señor no me contesta.

—¿Te has hecho daño, che? —dice en cambio.

De golpe suena casi amable. Yo creo que es porque no he sacado a la tal Petra. Me lanza una sonrisa torcida, llena de agujeros negros.

—¡Ay, qué nena esta! Ya ves que los fisgones siempre tienen su merecido.

Me revuelve el pelo y me tiende la mano para que me levante.

Pero yo me levanto de un salto sin su ayuda. De fisgona no tengo nada. Nene lo será él. Y me revienta que me revuelvan el pelo.

* * *

Durante la cena casi no hablamos. ¡Con la de cosas que tendríamos que contarnos! Él nos tendría que contar dónde se ha metido todos estos años. Yo le tendría que contar mi vida entera. Y mamá le tendría que contar un buen trozo de la suya. Pero creo que a él no le interesan nuestras vidas. No nos pregunta nada. Y tampoco cuenta nada. Responde sin ganas a las preguntas de mamá. Así que mamá deja de hacerle preguntas.

Mamá y yo le espiamos con el rabillo del ojo. Le tiembla tanto la cuchara que no atina a llevársela a la boca. Cuando lo consigue, sorbe los fideos metiendo un jaleo tremendo, pero mamá no lo regaña, así que aprovecho para sorber mis fideos yo también.

Cuando termina su sopa, un buen rato después que nosotros, se queda mirando al infinito y bamboleando un poco la cabeza. Tiene la boca toda apretada, con arrugas alrededor. Como si fuera un saquito fruncido con una cuerda.

De pronto se fija en mamá. La mira de una manera rara y afloja el saquito de la boca. Pone su mano llena de venas gordas y azules sobre la mano de mi madre y lanza un suspiro tristísimo:

—Dolores...

Sea lo que sea lo que le duele, le debe de doler mucho.

—Dolores, Lolita, Lola... —requetesuspira sin dejar de mirar a mi madre—. Carita de amapola...

—Mi madre ni se llama Dolores ni tiene cara de amapola ni nada —salto yo sin poder contenerme—. Se llama Carmen, y si es tu hija, ya te lo deberías saber.

¡Ay! Mi madre me da un patadón por debajo de la mesa. ¡Como si yo tuviera la culpa de que este hombre no acierte nunca con nuestros nombres!

El señor no se da cuenta de nada. Otra

vez tiene la mirada perdida y sacude la cabeza. Mamá, poquito a poco, suelta su mano de la de él y empieza a retirar los platos metiendo mucho jaleo.

—Bueno, vamos a recoger, a ver si hoy nos acostamos pronto. Todos necesitamos descansar. ¿Verdad, PADRE? —lo de padre lo dice muy fuerte—. Además, mañana temprano hay ensayo en el teatro, y tengo que darme un madrugón.

—¿Qué *decís* de un teatro? —el señor da un respingo, como si acabara de despertarse.

—Bueno, padre... Desde que cerró la zapatería me dedico al teatro. Soy actriz —dice mamá.

—Actriz... ¡*Mirá* vos! No lo sabía.

—¿Cómo ibas a saberlo? —replica mamá muy seca—. Nunca lo preguntaste.

El señor baja la cabeza igual que yo cuando me riñen. Durante un rato, que se me hace muy largo, nadie habla.

—La semana que viene mamá estrena una obra —digo por llenar el hueco—. Se desmaya genial.

—Seguro que sí. Por algo tu mamá es mi hija, che —exclama el señor, y es la primera vez que le oigo hablar con entusiasmo—. Aquí donde me ves, yo actué en mis tiempos en Buenos Aires. Pero sólo me daban papeles mudos. Por el acento. Una macana. Me imagino que tú harás cosas más importantes, hija.

—Bueenoo… —duda mi madre—. Llevo poco tiempo en esto. Tengo un papel pequeño pero muy… dramático.

—¿Qué es «dramático»? —pregunto yo.

—Cuando yo era un pibe, nunca interrumpía las conversaciones de los grandes con preguntas sonsas —rezonga el señor que casi seguro que no es mi abuelo.

* * *

Mamá y yo recogemos la cocina mientras el señor ese ve un concurso en la tele.

—Oye, mamá..., ¿preguntar qué es «dramático» es una pregunta sonsa?

—No, sonsa.

—¿Y qué es «sonsa»?

—«Sonsa» es «tonta».

—¿Y qué es «dramático»?

—Algo dramático es algo que emociona, que conmueve, o que trastorna —dice mamá—. Puede ser algo terrible, o triste, o espectacular...

—Pues creo que es un poco dramático tener de pronto en casa a...

Señalo hacia el salón con la cabeza. No me sale la palabra «abuelo».

Mamá se arrodilla frente a mí y me toma por los hombros con los guantes llenos de espuma.

—Intenta comprender, Lola. El abuelo tiene problemas. Está enfermo, está cansado y triste. Por eso se comporta así. Hasta que llegues a conocerlo, igual no te resulta muy simpático, pero tienes que ser paciente con él.

—Pero a ver —empiezo yo, poco convencida—, ¿hacía mucho que no lo veías?

—Mucho, sí —dice mamá.

—¿Y estás segura de que no es... —bajo la voz— falso?

—¡Qué cosas dices, hija!

—Habla rarísimo. Y ni siquiera sabe cómo nos llamamos —replico—. A ti te llama Dolores, a mí me llama Carmen... ¡No da una!

—Habla raro porque ha vivido mucho tiempo en América, sobre todo en Argentina —contesta mamá—. Se le ha pegado el acento y usa las expresiones de allí. Y se confunde con los nombres porque... Bueno, creo que de vez en cuando su cabeza retrocede en el tiempo. Entonces le parece que yo soy la abuela Dolores y que tú eres yo.

—Encima chiflado —murmuro yo.

—¡Lola, basta! ¡Prométeme que vas a ser

amable con él! —casi suplica mamá—. ¿Me lo prometes?

¡Jo! Esto sí que parece el teatro. Mamá arrodillada a mis pies, con guantes y todo, rogándome. Y yo haciéndome la dura un rato, para que este momento se alargue más. Pero no aguanto mucho.

—Vaaale. Te lo prometo —digo.

Es que soy una buenaza.

4
Mi abuelo es un presunto

Ha pasado una semana y pico y el señor no se va. Yo he sido paciente todo el rato, hasta cuando me llamaba «nena», a ver si mientras tanto se empezaba a portar como un abuelo y me daba de una vez mi regalo o me llevaba al cine o me contaba aunque fuera una versión resumida de *Caperucita Roja*. Pero qué va. Ahora duermo en un colchón en el suelo, nunca puedo ver la tele y todas las noches ceno sopa o asquerosos purés de verduras, porque el señor tiene pocos dientes y el estómago delicado.

Mamá está rara. Ya nunca recita su papel en casa, ni se desmaya ni nada. Siempre se le queman los purés y se le revientan los huevos fritos. Esta semana Mariquilla Trotamundos ha ido ya tres veces a la China y me empieza a aburrir un poco.

Encima el señor abuelo ese no suelta el mando a distancia de la tele. Hoy, en vez de mis dibujos animados preferidos, me toca ver las noticias.

«...Han perpetrado un atraco a mano armada en una joyería...», está diciendo la presentadora.

—¿Qué es «*perpretar*»? —pregunto yo.

—Per-pe-trar —corrige mamá—. Es hacer algo malo. Cometer un delito.

—¡Chist! —chista el señor abuelo.

En la tele ponen unas imágenes de la joyería atracada.

—¡Si es la joyería de la calle del mercado! —exclama mamá reconociéndola—. ¡Cómo se está poniendo el barrio...!

—¡Chissst! —vuelve a chistar él.

«...Un presunto atracador fue detenido unas horas después...», continúa la presentadora.

—¿Qué es «presunto»? —pregunto yo.
—¡Chissst!
—Lo llaman «presunto atracador» porque todavía no se sabe seguro si es de verdad el atracador —me susurra mamá al oído.

«...Pero su compañero logró huir con una maleta que probablemente contenía el botín del robo...»

Al padre de mamá le tiembla un poco la cabeza. Empieza a torcer el cuello y a guiñarme un ojo. Yo le devuelvo el guiño para que no se enfade. Pero es peor.

—¿Qué educación ha recibido esta nena, che? —ruge—. ¡Se burla hasta de su abuelo!

Se levanta del sofá (al tercer intento) y se encierra de un portazo en su habitación. O sea, en mi habitación.

—Sólo le he guiñado el ojo... —me defiendo—. Pero no lo he hecho por burlarme...

Mamá abre la boca de regañarme, pero la vuelve a cerrar sin decir nada. Aprovecho para preguntar:

—¿Puedo poner ahora los dibujos animados?

—Bueeeno...

Se levanta y la oigo suspirar:

—¡Oh, cielos! ¡Tened piedad de mí!

* * *

—¿Cómo está tu abuelo? —me pregunta Susana esta mañana.

—No es mi abuelo —respondo yo—. Como mucho es un presunto.

—¿Un qué?

—Un presunto abuelo.

—¿Y eso qué es?

—Pues que todavía no estoy segura de que sea mi abuelo de verdad. No ha hecho ni una sola cosa de abuelo.

—¿No roncaba? —dice Pato.

—Bueno, aparte de eso.

Para que entiendan mejor lo que es un presunto, les explico lo de los presuntos atracadores de la joyería que oí ayer en las noticias. Y de paso les cuento lo de los temblores y los guiños de mi presunto abuelo.

—¡Ya está! —grita Pato.

—¿El qué está? —preguntamos Susana y yo a la vez.

—¡Lo del horrible pasado! —dice Pato—. ¿Recuerdas que dijimos que a lo mejor tu abuelo había hecho algo horrible en el pasado y por eso no se hablaba con tu madre?

—Sí.

—Pues a lo mejor eso que hacía era atracar bancos y joyerías y sitios así. Por eso anoche se puso tan nervioso al oír la noticia del atraco. Y te empezó a guiñar el ojo para que no le dijeras nada a tu madre.

—¿Tú crees? —digo con el corazón latiéndome muy deprisa.

—¡No digas tonterías! —salta Susana—. Una cosa es que el abuelo de Lola sea un poco cascarrabias. Pero de ahí a que haya sido atracador de bancos...

—¡No es mi abuelo! —interrumpo yo—.

¡Sólo es mi presunto abuelo!

—Presunto o no presunto, puede muy bien ser atracador de bancos. Los atracadores existen, y pueden tener hijos y nietos como la otra gente. Si le ha tocado a Lola ser nieta de atracador…, pues mala suerte.

—¡No soy nieta! —gimo yo—. Sólo soy presunta nieta.

Durante el resto del día en el colegio no escucho a la *seño* Clementina ni a mis compañeros. Sólo oigo la voz de la presentadora de la tele que repite en mi cabeza: «…Pero su compañero logró huir con una maleta que probablemente contenía el botín del robo…»

5
A solas con el Presunto

Abro despacito la puerta de mi habitación. Huele a Presunto, pero el Presunto no está. Dice Pato que su abuelo también huele de una manera especial. Que es olor a viejo.

Cierro la puerta detrás de mí. Cuando bajo la maleta del Presunto del armario, las manos me tiemblan como le tiemblan a él. ¡Porras! Está cerrada con llave. Palpo la estantería buscando alguna pista. Me acuerdo del maletín negro que vi el primer día, ése que confundí con un regalo para mí. Pero el maletín no está. Era un maletín negro, muy alargado, donde se podría muy bien guardar una… Petra. Así dijo el abuelo: «¿Has sacado a Petra?» Y estaba furioso de pensar que yo podía haberla visto.

«Perpetrado», «A mano armada», así dijo la señora de la tele. Mi corazón se para un momento y luego se lanza a latir como loco. ¡Con Petra perpetra! ¡Petra es un arma! Yo he visto una película donde el malo guardaba su ametralladora desmontada en un estuche igualito que ése.

Ahora lo comprendo todo: el Presunto ha atracado la joyería del barrio, y apuesto a que guarda el botín en la maleta que hay en mi armario. Y si el estuche negro no está en su sitio, seguramente es porque el Presunto está perpetrando en estos momentos. Me lo veo entrando en un banco, con su Petra en la mano y una media de mi madre ocultándole la cara.

—¡Arriba las manos! —grita—. Esto es un atraco, che.

Y tuerce el cuello, guiña el ojo y le tiembla la mano.

* * *

Pero no. ¡Ojalá el Presunto estuviera atracando un banco! Está aquí mismo. Oigo cómo arrastra los pies por el pasillo. Veo cómo se mueve el picaporte de mi puerta. Me subo a una silla con la maleta e intento colocarla en su estante. Pero el Presunto me pilla con las manos en la masa.

—La... la... la... —me aturullo—. ¡La maleta del botín estaba mal puesta...!

¡Seré bocazas!

—¡Qué nena fisgona! —ruge el Presunto—. ¡Dámela!

El Presunto se acerca. Lleva oculto algo tras la espalda. Reconozco el estuche negro. Soy niña muerta.

—¡Lolaaa! Pon la mesa —vocea mamá desde la cocina.

—Tengo que... Mamá me... —tartamudeo.

Dejo caer la maleta sobre los pies del Presunto y me escabullo fuera de la habitación.

* * *

¡Uf! Aterrizo en la cocina.

—Así me gusta —se sorprende mamá—, que vengas a la primera cuando te llamo.

—Mamá..., ¿tú sabías que el..., que tu padre...?

Me callo. ¿Cómo le voy a soltar de sopetón que su padre es atracador? Además, todavía no estoy segura. Y no se debe acusar a alguien sin pruebas.

—¿Qué decías, cielo?

Mamá da vueltas por la cocina, abre la nevera y un par de armarios, y va sacando al tuntún lo que encuentra: queso, mostaza, *ketchup,* Chocolocos...

—¿Eso es la cena? —pregunto extrañada.

—Sí..., bueno... —duda mamá—. Más que cena es una merienda cena rápida...

—¿Lo llevo al salón?

Desde que llegó el Presunto cenamos mucho más a menudo en el salón.

—No —dice mamá—. Comemos aquí. Tengo que irme enseguida porque hoy estrenamos en el teatro.

—¡Bieeen! —chillo yo.

Estoy tan entusiasmada con la noticia que se me olvida durante un momento que tengo un abuelo delincuente. Pero al entrar el Presunto en la cocina me lo recuerda. Y creo que viene armado: un bolsillo del pantalón le abulta de una forma muy sospechosa.

El Presunto se sienta y mete la mano lentamente en ese bolsillo. ¡Ay, madre! Saca la mano y desparrama sobre la mesa un montón de monedas. ¡Uf!

—¿Qué haces, padre? —pregunta mamá.

—Es plata para los gastos de la casa —responde él.

—Te lo agradezco, padre, pero no necesitamos ese dinero. Además, esta mañana ya has traído cosas del súper. Fíjate, Lola, el abuelo ha traído hasta tus cereales favoritos. ¡Todo un detalle!, ¿verdad?

Mamá agita con entusiasmo la caja de Chocolocos sobre mi cabeza. No es para tanto, digo yo.

El Presunto se sirve una montaña de cereales en un plato sopero. Y yo me pregunto si los habrá comprado... o los habrá robado. Además, creo que los ha traído por él, no por mí. Le chiflan los Chocolocos.

Cubre los cereales de leche y los deja un buen rato en remojo, hasta que forman una masa blanducha y asquerosa. Siempre los come así. Sólo de verlo se me quita el hambre. Mamá tampoco come, pero mueve los labios sin parar. Apuesto a que está repitiendo su papel en la obra.

—¿Y a qué hora salimos para el teatro? —pregunto impaciente.

—¿Salimos? —repite ella—. Tú a ninguna hora. Te quedas aquí con el abuelo.

El Presunto y yo nos lanzamos a protestar a la vez.

—¡Pucha! —refunfuña él—. Quedan pocas

cosas que me gusten en la vida y justamente...

—¡Pero mamá! Si siempre voy a tus estrenos... —gimo yo.

—El teatro es una de ellas... —continúa el abuelo.

—Tú misma dices que yo te doy suerte... —ésta soy yo.

—¡Y mi propia hija me impide ir a verla actuar!

—Además... —estoy a punto de llorar—. No puedes dejarme a solas con un atra...

Entonces mamá, que para algo es actriz, saca su voz de camelar. Es una voz muy suave con la que te convence de que hagas cualquier cosa que te pida:

—Padre, me harías un gran favor si te quedaras aquí cuidando de Lola. La obra empieza muy tarde y la nena no podría aguantarla entera.

¡La nena! ¿Desde cuándo mamá me llama «nena»? ¿Y desde cuándo no puedo aguantar una obra de teatro entera? Siempre que podemos, ella y yo vamos a ver obras de mayores. ¡Hasta en verso y todo!

Voy a protestar por esta injusticia monumental, pero ya mamá me habla al oído con su voz de camelar:

—Hazlo por el abuelo —susurra—. No está bien. No le conviene nada salir de noche...

—Pero... —empiezo yo.

—Pero... —murmura apenas el abuelo.

Mamá coge su bolso y su abrigo, que están en una silla, y se despide de nosotros lanzando dos besos al aire.

—¡No me esperéis levantados!

—¡Mamá!

Corro tras ella, pero me doy de narices con la puerta de la calle.

No me atrevo a volver a entrar en la cocina. Espío al Presunto desde la puerta. Sigue sentado a la mesa. Me da la espalda casi por completo. Sujeta algo que no veo bien entre las piernas. Parece que enrosca... o que desenrosca... ¿qué?... ¿Un silenciador de pistola? No. Es el cepillo de barrer el suelo. Lo acaba de desenroscar del mango. Se levanta y veo que lleva puestas las gafas de sol de mamá. Se apoya en el palo blanco del cepillo y sonríe con su sonrisa llena de agujeros. Parece un gángster malvado. O un viejo chiflado.

6
Soy cómplice

Por suerte llego viva al día siguiente. Pero ahora no tengo dudas.

—Es un atracador. Estoy segura —les digo a Pato y a Susana en clase—. Y creo que participó en el atraco a la joyería.

Les cuento lo del estuche donde guarda su Petra automática y lo de la maleta con el botín.

—Pues tendrás que decírselo cuanto antes a la policía —opina Pato—. Porque, si no, eres cómplice.

—¿Yo, cómplice? ¡Y un jamón! —salto enseguida—. ¿Yo, qué culpa tengo de lo que haga el Presunto ese?

—No es que tengas la culpa. Pero si lo sabes y no lo dices, es un delito y puedes ir a la cárcel —insiste Pato con muy mala uva—. Además, en tu casa igual estáis viviendo del dinero de un atraco.

Recuerdo las monedas del Presunto. Esta mañana ya no estaban en la cocina. ¿Quién las habrá cogido? No sé. Pero, ¡ay!, sé que esta mañana he desayunado de los Chocolocos presuntamente robados por el Presunto. De pronto me pesan en la tripa como si me hubiera comido un collar de perlas.

—Soy cómplice —gimo palpándome la barriga.

—Tienes que denunciarlo cuanto antes —insiste Pato—. Es tu deber de ciudadana.

—Pero... ¿Y mi madre? ¡Se morirá de pena si se entera de que tiene un padre atracador!

—¿Estás segura de que no lo sabe? —dice Pato.

Me pongo a pensar. Y de pronto creo comprender por qué estos días a mamá se le revientan los huevos fritos. Por qué le salen tan sosas las historias de Mariquilla. Por qué le dice a su padre «no necesitamos tu dinero», cuando yo sé que nos vendría la mar de bien. Y por qué le sale mejor que nunca el «¡oh, cielos, tened piedad de mí!».

—¡Lo sabe! —exclamo.

—Pues tendrás que denunciarla a ella también, por cómplice —dice el bruto de Pato.

Claro, como no es su madre...

—A lo mejor la tiene amenazada para que no diga nada —se le ocurre a Susana—. Y por eso ella no se atreve a denunciarlo ni a echarlo de tu casa. Le habrá dicho que si se chiva...

—Te elimina a ti —salta Pato.

Siento un fresquito que me baja por la espalda.

—Tú no te preocupes, que se nos va a ocurrir algo para ayudarte —Susana me pasa el brazo por los hombros.

—Pero mientras tanto... —objeta Pato—.

48

Somos cómplices de la cómplice de un Presunto.
—¿Y qué? —se enfada Susana.
—Nada —se ríe Pato—. Que es genial.

7
El abuelo y los *ponígonos*

He intentado tantear a mamá, a ver si sabe a qué se dedica su padre.

—Mamá, ¿el abuelo qué es?

—¿Que qué es de qué?

—Pues... de profesión.

—Huy, Lola. Tu abuelo es... todo y nada. Creo que ha trabajado en todas las profesiones que existen.

Me pregunto si «atracador» es una profesión.

—Dime de qué ha trabajado —insisto.

—A ver... Cuando yo era niña fue repartidor de butano, trabajó en una sala de fiestas, tuvo negocios, fue locutor de radio...

—mamá hace memoria—. Una vez fue doble de un actor famoso en el cine... Luego se fue de casa y le perdí la pista.
—¿Se fue de casa? ¿Por qué?
Ja. Seguro que huía de la justicia. Por eso acabó en América.
—Pregúntale a él —replica mamá de mal humor; pero enseguida cambia de tono y se corrige—. Mejor no le preguntes. Déjalo tranquilo. El abuelo necesita descansar mucho y no dar vueltas a la cabeza. Hala, dame un beso, que me voy.
Ahora mamá se va al teatro todas las tardes hacia las siete.
—¡Padre! ¡Me voy! —asoma la cabeza por la puerta del salón, donde el Presunto ve la tele—. ¿Podrías encargarte de la cena y de acostar a Lola?
—Claro, linda —gruñe—. Suerte que me *tenés* aquí. Yo me ocupo.
Mamá se marcha y el abuelo planta el paquete de Chocolocos en la mesa de la coci-

na. A eso llama él «ocuparse». Hace una semana que el abuelo y yo vivimos de Chocolocos.

Ya estoy segura de que mamá no sabe a qué se dedica este padre que tiene. Ella nunca me dejaría cenando Chocolocos a solas con un criminal. ¿O será que el abuelo no es un criminal? Ya no me da tanto miedo como antes. A veces lo miro y me parece imposible que haya «perpetrado». Sobre todo cuando se pone a ver los Teletubbies en la tele con la boca abierta. Pero ya lo dice Pato:

—¿Tú crees que a los ladrones se les nota en la cara que lo son? Si fuera así, los policías lo tendrían chupado.

Puede que Pato tenga razón. Por si acaso, en cuanto mamá se va al teatro, saco el estuche negro de mi armario y lo escondo hasta el día siguiente detrás de la tabla de planchar. Ya que tengo que cenar con un Presunto, por lo menos que sea un Presunto desarmado.

El abuelo suele pasar la tarde en el salón. A veces ve la tele. Otras veces escucha discos viejos. Le gusta mucho una canción que dice:

«No me llames Dolores,
llámame Lola,
que ese nombre en tus labios
sabe a amapola-a,
sabe a amapola-a.»

Pero no falla, cada vez que escucha esa canción, el abuelo se queda sin cenar. Se sienta conmigo a la mesa, pero es como si no estuviera allí. Tiene los ojos grises perdidos en sitios que están muy lejos. A ratos le chispean. A ratos se le ponen duros y fríos. A ratos se le llenan de agua. Esos días no me mira siquiera. Y si me mira, no me ve a mí. Yo creo que ve a mi madre de pequeña. Lo digo porque en un día de esos me llamó Carmen. Y no me atreví a decirle que yo era Lola.

Para compensar, otros días el abuelo parece muy interesado por mí. Demasiado. Se interesa por mis amigos, mis modales, mis deberes...

—Esa compañerita que te llama todos los días... ¿es buena chica?

O bien:

—¡No mastiques así tus cereales! ¿No te ha dicho tu mamá que es de mala educación meter ruido al comer?

Jo, mira quién fue a hablar, el Sorbefideos. Lo que pasa es que le da rabia que yo tenga buenos dientes y me coma los Chocolocos crujientes.

—¿Cómo te va en la escuela?

—Pse —respondo yo.

—¡Pse, pse! ¿Qué es «pse»? —rezonga el Presunto—. *Tenés* que ser la primera de la clase para encontrar un buen empleo el día de mañana. Porque, a ver, vos *pensás* trabajar, ¿no?

—Claro.

—Muy bien. *Tenés* que ser una mujer independiente y ganarte la vida por vos misma.

Sobre todo, no depender de un hombre. Los hombres son unos irresponsables. Cuando menos lo esperas, salen corriendo.

Estoy a punto de preguntarle si se van a América, pero me contengo a tiempo.

—Pero bueno, ¿en qué estábamos? —masculla el abuelo.

—En que tengo que ser la primera de la clase —respondo yo.

—Eso. A ver, ¿hiciste tus deberes?

—No tengo.

—¡No mientas!

—¡Te lo juro!

—¡No se jura! —el Presunto resopla—. ¿Qué educación de porquería te están dando en esa escuela, que ni siquiera te hacen trabajar? Menos mal que estoy yo acá, para meterte en vereda... A ver: ¡ocho más siete!

—Quince.

—Quince y treinta y siete...

—Puf... —empiezo a contar con los dedos, pero se me acaban.

—Bárbaro —se burla el Presunto—. A ver la geografía. *Decime* qué río pasa por Paracuellos del Jarama.

—Pues... —me rasco muy fuerte la cabeza—. Eso no lo hemos dado.

—¿Dónde queda Tucumán?

—Humm... ¿En Andalucía?

El abuelo resopla con desprecio.

—¿Cuántas pesetas son cincuenta duros? —pregunta entonces.

—Pues... Según... ¿Cuántos duros son un euro? —pregunto yo para ganar tiempo.

—¡Aquí las preguntas las hago yo! —gruñe el Presunto.

—Pero es que las cosas que tú preguntas no las damos en el *cole*... —protesto.

—¿Pues qué estudian entonces? —pregunta el abuelo.

—Yo qué sé... Hoy hemos hablado de... ¡Ah, sí! De los polígonos.

—¿Y qué *sabés* vos de los *ponígonos?* —pregunta el abuelo.

—Pues… que los polígonos de cinco lados se llaman pentágonos; y los de seis, hexágonos. Y los de siete, heptágonos… Y los de ocho… Los de ocho… ¿Cómo se llaman los de ocho?

—¡*Pensá* un poco, che! No te lo voy a dar todo mascado —gruñe el abuelo.

—¡*Ochíngulos!* —invento yo—. Se llaman *ochíngulos.*

—Eso es, *ochíngulos* —repite el abuelo.

—En realidad es octógonos, abuelo —me río—. Creo que no sabes mucho de polígonos.

8
Donde él sabe que yo sé

Al abuelo le salen manchas rojas en la cara, guiña un ojo y le tiembla la cabeza. Creo que está avergonzado porque no sabe lo que es un polígono. No debía haberme burlado de él.

—Dale —admite al fin, echando a un lado el bol de papilla de Chocolocos—. Soy un viejo gagá y me falla la memoria. Y… ¡qué hacerle! Tampoco de pibe le daba mucho a la geometría. Nunca me gustó estudiar. ¡Y *mirá* cómo he acabado! No quiero lo mismo para vos. Quiero que el día de mañana seas una mujer de provecho y no tengas que dedicarte a… a… a…

Me olvido de que el abuelo es un tipo peligroso. Me da tanta pena verlo ahí atascado, que le aprieto la mano y digo sin pensar:

—No te preocupes, abuelo. Te prometo que nunca me dedicaré a lo que tú haces.

El abuelo salta como si le hubieran pinchado y yo me muerdo la lengua, por bocazas. Ahora que sabe que yo sé, ¿quién sabe de qué será capaz?

Pero sólo agacha la cabeza y tartamudea:

—¿Vos..., vos *sabés* lo que hago?

Afirmo con la cabeza.

—¡No se lo digas a tu mamá! —me pide—. A lo mejor no le gusta.

El verle tan humilde me hace valiente.

—¿Cómo le va a gustar? —salto—. Si se entera le da un patatús.

—Mejor no le digas —casi me suplica—. Será nuestro secreto.

Hago como que lo pienso un rato.

—Bueeeno —digo al fin—. No le digo nada. Pero con una condición...

—¿Cuál?

—Que dejes de hacerlo.

El abuelo duda.

—Ya sé que no es del todo decente, che. Pero cada uno se gana la vida como puede... Vos *sos* todavía una nena y hay muchas cosas que no *entendés*. Vos...

¡Una nena! Ya lo tuvo que decir. Hasta se me pasa la pena que me estaba dando.

—¡Yo no soy ninguna nena! Soy lo bastante mayor para saber que lo que está mal... pues está mal. Y si no dejas de..., de perpetrar..., tendré que decírselo a la policía.

—¿A la policía? —gime el Presunto—. ¿Serías capaz de denunciar a tu propio abuelo por esa bagatela?

Afirmo con la cabeza. «Bagatela» debe de ser como llaman en América a los asaltos a mano armada.

—Es mi deber de ciudadana —digo—. Si no, soy cómplice.

El Presunto se retuerce las manos. No parece el mismo.

—Mira, nena... Yo no tengo dónde ir... Estoy fregado. A mi edad y con mi salud, ¿quién me va a dar trabajo? Ahorros no tengo. Siempre he sido gastador y farandulero...

Un farandulero fregado que perpetra bagatelas. ¿No me podía haber tocado otro abuelo?

—Pero ahora estoy viejo para esa vida y necesito dinero —continúa el abuelo—. Y con este asunto las cosas no me van mal, ¿viste? Estoy juntando plata para comprarme una dentadura postiza... Puedo ayudar un poco a tu mamá. ¡Hasta te puedo dar una paga semanal! —exclama el Presunto intentando meter su mano temblorosa en el bolsillo del pantalón.

—¡Ah, no!

Le paro la mano. ¡Ahora quiere comprar mi silencio, el Presunto!

—Está bien —murmura—. No quiero que sientas vergüenza de tu abuelo. Ya no salgo más con Petra.

—¿Lo juras?
—Lo juro.

El abuelo se queda callado y quieto como una estatua. No me regaña cuando me levanto y me voy sin pedir permiso.

Al cabo de un rato me asomo a la cocina para ver qué hace. Tiene en la mano el cepillo de barrer y lo enrosca lentamente en su palo, meneando despacito la cabeza.

9
La muchedumbre

Jo, pues yo no sé qué es peor, tener un abuelo que te dé miedo o uno que te dé pena. Hace días que el mío no ve la tele, ni escucha su canción de la Lola que sabe a amapola, ni come, ni me pregunta dónde está Tucumán. Ni siquiera me regaña hoy durante la cena cuando mastico mis Chocolocos con la boca abierta, haciendo todo el ruido que puedo.

—¿Qué has hecho hoy, abuelo? —le pregunto por decir algo.

—Nada.

—¿No hay nada que te apetezca hacer? —insisto yo.

El abuelo me mira con una cara rara, como de guasa triste.

—Me gustaría retroceder en el tiempo —dice.

—No —protesto—. Yo digo una cosa que se pueda hacer de verdad. Algo que podamos hacer tú y yo...

¿Pero qué vamos a hacer él y yo juntos? No nos parecemos en nada, ni nos entendemos, ni nos gustan las mismas cosas. Salvo...

—Estaría bien ir al teatro a ver actuar a mamá —sugiero.

Juraría que al abuelo se le han encendido un momento los ojos.

—Eso no se puede —dice luego—. Sabes que tu mamá no quiere. Se enojaría.

—¿Y si no se entera de que hemos ido? —propongo—. Podemos irnos antes de que enciendan las luces de la sala.

—Eso es engañar —gruñe el abuelo—. ¿Te parece bonito engañar a tu mamá?

—No —murmuro encogiéndome de hombros.

—Pues que sea la última vez que la *engañás* —dice el abuelo poniéndose de pie—. *Andá* a ponerte los zapatos.

* * *

Cuando el abuelo anda suena a chatarra. Paga nuestras entradas con una montaña de monedas que saca de sus bolsillos. Ya van dos pecados gordos hoy: engañar a mamá y pagar con dinero robado. Me siento en la butaca y, para que no se me vea la cara de culpable, la escondo detrás del programa que nos ha dado el acomodador.

Me cuesta un buen rato encontrar el nombre de mamá en el programa. Está por el final, donde dice «Mu..che…dum…bre». Estoy dudando si preguntar al abuelo quién es «Muchedumbre» cuando se apagan las luces y empieza la obra.

Es una obra del tiempo antiguo, de antes de que se inventaran los pantalones. Por eso los hombres van con leotardos; da un poco de risa verlos. Y se hablan de «vos», en lugar de tratarse de «tú», como el abuelo. Las mujeres llevan trajes largos y todas dicen cosas que le he oído ensayar a mamá. Pero ninguna es mamá, aunque el abuelo se empeñe en que sí:

—¡Ésa es mi Carmencita! —susurra saltando en su asiento.

—No, mamá es más joven.

—¡Ésa sí que es Carmen!

—No. Mamá es más guapa.

Y ni rastro de Muchedumbre.

Hasta que un soldado aparece en escena, se cuadra y dice:

—Señor, la muchedumbre ha asaltado los jardines.

¡Por fin vamos a ver a mamá!

Enseguida el escenario se llena de gente que grita y sacude palos y antorchas. Las mujeres llevan pañuelos en la cabeza, y hay tantas que no distingo a mamá. Ahora salen a escena unos soldados con lanzas y espadas que persiguen a los que gritan. Todos huyen, menos una mujer que ha tropezado.

—¡Oh, cielos, tened piedad de mí! —gime la mujer.

Pero qué piedad ni qué porras. Un soldado le da un lanzazo y, ¡patapof!, la mujer cae al suelo.

—¡Justicia! —grita alguien.

—¡Mamá! —grito yo.

—¡Qué macana! —se indigna el abuelo—. ¡Si la ha matado! ¡Y no le ha dado tiempo a decir nada!

—Yo creo que solamente se ha desmayado —murmuro.

—Que no, nena. ¿Con ese lanzazo? Y *mirá* la sangre...

—Pues en casa sólo se desmayaba —insisto.

—Chist —chista una señora a nuestro lado—. Está muerta y bien muerta. Y ahora cállense un poquito.

Pues sí que la habían matado, porque se

la llevan arrastrando entre dos y ya no sale en toda la obra. ¿Y si el de la lanza se ha pasado y le ha dado demasiado fuerte? No me quedo tranquila hasta los aplausos del final. Cuando salen todos los actores a saludar, también está mamá y no parece que le duela nada. Hace la reverencia mucho mejor que la actriz principal. Yo, la verdad, esperaba que mamá saliera más rato. Pero igual aplaudo a rabiar. En cambio, el abuelo, ni una palmada. Está como clavado a la butaca, más tieso que un palo y con la boca apretada.

—Abuelo —le tiro de la manga—. Venga, vámonos antes de que enciendan las luces.

El abuelo no se mueve.

Se encienden las luces y los espectadores empiezan a salir. Entonces el abuelo se pone a dar palmas él solo, muy fuerte.

—¡Bravo! ¡Bravo! —grita—. ¡Muy bien la mujer que se muere!

¡Jo, qué corte! Todo el mundo nos mira.

72

Algunas cabezas asoman por detrás del telón. Una es la de mamá.

10
Montamos el numerito

El abuelo y yo esperamos a mamá en la calle, frente a la entrada de artistas. Total, ya nos ha pillado. No merece la pena esconderse.

Cuánto tarda. Y seguro que está enfadada porque hemos venido sin permiso. En cuanto la vea le doy un beso antes de que tenga tiempo de regañarme. Igual así se le pasan un poco las ganas.

Ahí está.

—¡Mamá! Has estado muy bien —le planto el beso—. No hablabas mucho, pero te has muerto fenomenal.

Mamá no dice ni «mu», no sé si es por el beso o qué. Me da la mano sin mirarme y los tres echamos a andar hacia el metro. En la entrada noto que le dan saltitos los hombros.

—Mamá… Lo siento… ¿Estás así porque hemos venido sin permiso?

Mamá niega con la cabeza.

No sé qué decir, así que no digo nada. Es difícil consolar a una madre que llora. Y más aún si no sabes por qué llora. El abuelo y mamá también callan hasta que entramos en el vagón del metro. Entonces mamá se suena y dice sin mirar a nadie:

—¿Por qué te has burlado así de mí, padre?

—¿Burlado? —repite el abuelo.

—Esos aplausos a destiempo… —dice mamá—. Me has puesto en ridículo delante de todos.

—¡No era burla, Carmen! Sólo quería animarte, que supieras que me había gustado…

—¡Cómo te iba a gustar ese papelucho! —casi grita mamá—. Te avergüenzas de mí, y es normal. ¿Por qué has venido al teatro si te pedí que no lo hicieras?

Mamá se tapa la cara con las manos. Todos los viajeros del vagón la miran con cara de pena.

—No, *m'hijita*, no me avergüenzo, qué va —el abuelo le pone la mano en el hombro—. ¡Con lo que a mí me gusta el teatro! Y yo nunca pasé de hacer papeles mudos. Sólo que estoy un poco preocupado. No creo que te paguen mucho por ese papel tan...

—¡Dramático! —propongo yo.

—...Tan corto —dice el abuelo.

—Mira, padre, yo llevo poco tiempo en este mundillo. Ya me abriré camino.

—Pues mientras te abres camino, no *tenés* por qué preocuparte —dice el abuelo—. Yo tengo un dinero ahorrado y podéis contar con...

—¡No! —chillo yo.

Y ahora todo el mundo deja de mirar al abuelo y a mamá para mirarme a mí.

—Ese dinero es... —no puedo decir «robado»—. ¡Es del abuelo! —digo—. Necesita una dentadura postiza.

—Eso, guarda tu dinero, padre —replica mamá—. Todo se va a arreglar. Precisamente mañana tengo un *casting* para una serie de televisión.

—¿Un *castín*? ¿Qué es un «*castín*»? —pregunta el abuelo.

Para que veas que no soy la única que pregunta cosas.

—Un *casting* es cuando reúnen a los que quieren hacer un papel en una *peli* o algo así y les hacen una prueba para elegir a uno de ellos —suelto de un tirón.

Miro con el rabillo del ojo a mi alrededor. Creo que la gente del vagón está impresionada con mi explicación. Casi me da pena que justo ahora haya llegado nuestra parada.

Cuando bajamos, todos nos siguen con la vista. Inclino un poquito la cabeza, como hizo mamá al saludar en el teatro. Y… pssss… Detrás de mí se cierra el telón. Digo, las puertas.

11
Petra

El ruido me hace abrir los ojos. El cuarto está a oscuras, pero la luz de la mañana entra ya por las rayitas de la persiana. Distingo el bulto del abuelo, que revuelve entre bufidos el armario.

—Qué pronto te levantas hoy —bostezo.

—¿Dónde está? —me suelta él de sopetón.

—¿Mamá?... Se habrá ido ya al *casting* —respondo—. Empezaba muy temprano.

—No te *hagás* la piola conmigo —me amenaza—. Hablo de Petra.

Me siento de golpe en la cama. Si ya lo sabía yo. Ya sabía que no había que fiarse del juramento de un farandulero fregado. Por eso hace días que el maletín del abuelo está escondido en el armario de la plancha.

—Dame el estuche ahora mismo —me ordena.

No sé qué hacer. ¿Qué haría Mariquilla Trotamundos en un caso así? Se negaría a entregar el estuche, claro. ¿Y qué haría después Mariquilla? Se montaría en globo y se esfumaría. Pero aquí es la realidad, y no hay globo que valga. Sigo sin saber qué hacer.

El abuelo aprieta los puños pero, en lugar de pegarme con ellos, empieza a hablarme en un tono más suave, que me recuerda a la voz de camelar de mamá.

—*Dejate* de jugar ahora, nena. Esto es serio. Sólo trato de ayudar a tu mamá. Ya ves que no le van bien las cosas. Si no me dejas *laburar*, pronto no tendremos ni para Chocolocos.

—¿Somos pobres?

—Humm... Más o menos —responde el abuelo.

Pobres... Eso lo cambia todo. Al fin y al cabo, Robin Hood robaba para los pobres y es como un héroe. Digo yo que los pobres también pueden robar directamente para sí mismos. Claro que Robin Hood robaba a los malos. ¿Un banco es un malo? ¿Y una joyería? ¿Y se pueden usar armas automáticas? Robin Hood sólo usaba arco y flechas. La verdad, estoy hecha un lío.

—*Dejame* al menos practicar un poco —insiste el abuelo—. No quiero perder la mano.

—¿Practicar? —grito casi—. ¿Y dónde piensas practicar?

—Acá en tu habitación... Cuando tu mamá y vos no estén. No molestaré a nadie...

Cierro los ojos. Me imagino mi cuarto después del entrenamiento del abuelo: paredes agujereadas, peluches destripados... Ahora está claro: el abuelo es un loco peligroso, de ésos que parecen inofensivos y de pronto...

—*Mirá* que estoy perdiendo la paciencia

—brama olvidando su voz de camelar—. Ya me cansé de estar a la merced de una nena caprichosa. Dame a Petra o la encontraré yo mismo.

Trago saliva.

—En... Encuéntrala tú mismo.

El abuelo recorre la casa como un vendaval, abriendo de golpe armarios y cajones. Mientras registra el cuarto de baño, aprovecho para escurrirme en la cocina. Saco el estuche del armario de la plancha. Me quema en las manos. Abro la ventana que da al patio, saco el estuche y...

—¡Nooo! —grita el abuelo a mis espaldas—. ¡Por favor!

Lo dice con una voz tan lastimera que no me animo a soltarlo.

—Te lo devuelvo si me juras que vas a dejar de ser un farandulero fregado —digo.

—Lo juro, lo juro —se apresura a decir el abuelo.

—Quiero que me jures que no vas a vol-

ver a perpetrar con Petra... —sacudo el estuche en el aire.

—¿Perpetrar? ¡No exageres, Lola, que tampoco toco tan mal! —salta el abuelo en tono ofendido.

—¿Tocas...? —repito con un hilito de voz—. ¿Qué tocas?

—¿Cómo que qué toco? ¿Te encuentras bien, hijita?

El abuelo suena preocupado. Se acerca a mí, me pone la mano en la frente y me quita el estuche de las manos sin que yo me resista. Es que siento que, de golpe, la luz se ha hecho en mi sonso, sonsísimo cerebro.

—Esto..., abuelo..., eeeh... ¿Te importa abrir el estuche? —tartamudeo.

El abuelo se quita del cuello una cadena de donde cuelga una llavecita, y hurga con ella en la cerradura del estuche. No respiro.

La tapa se abre. En el interior de terciopelo rojo despeluchado brilla Petra. Es una trompeta.

12
¿Artista o farsante?

Me ha dado la risa tonta. No puedo parar. El abuelo me vuelve a tocar la frente, me mira preocupado:

—¿Qué es lo que te da tanta risa? ¿Te *reís* de Petra?

Afirmo con la cabeza sin dejar de reír. Cómo me duelen las costillas. Yo creo que el alivio de saber que Petra es una trompeta se me ha convertido en risa.

—¿Y por qué te *reís* de ella, si puede saberse? —exclama el abuelo algo picado—. Una trompeta es un instrumento muy digno y serio.

—No, si no es eso… —digo un poco más calmada—. Es que no sabía que Petra era una trompeta…

—¿Qué te creías que era, pues?
Me encojo de hombros.
—Nada.
—Dale, *soltalo*. ¿Qué creías que era?
—¿No te vas a reír?
—Lo juro.
Ya no me río nada. De pronto me siento ridícula. Me arden las orejas cuando confieso bajito:
—Una ametralladora.
Ahora es el abuelo quien rompe a reír. Nunca le había oído reír a carcajadas. Tiene una risa afónica, como el motor de un coche que no arranca.
—¡Abuelo! —me enfado—. ¡Me has jurado que no te reirías, mentiroso!
—¡Ay, demonio! —el abuelo se seca los ojos—. Una ametralladora... ¿Y para qué iba a tener yo una ametralladora?
No contesto.
—Va, *decime,* que no me río más. ¡Palabra de pistolero! —dice el abuelo.

Y se troncha de risa otra vez.

No puedo decírselo. ¡Ay! ¿Cómo puedo haber creído una bobada así?

—¿Acaso me tomaste por un terrorista? ¿Un bandido? ¿Un atracador? —bromea el abuelo.

Bueno. Así es más fácil. Ya no tengo que decirlo. Me basta con menear un poco la cabeza.

—¡Yo, un atracador! ¡*Mirá* vos!

El abuelo saca un pañuelo del bolsillo y se seca los lagrimones que le corren por las mejillas.

—Pues he hecho muchas cosas en esta vida, pero justo eso... —más risas—. No se me había ocurrido. ¡Atracador! Quizá me hubiera ido mejor asaltando bancos que tocando en la calle.

—¿Tocando en la calle? —gimo—. ¿Lo que hacías era tocar la trompeta en la calle? ¿Nada más que eso?

—Ajá.

—Entonces... ¿Por qué te asustaste tanto cuando te hablé de la policía?

—Bueno... —el abuelo duda antes de contestar—. Es que yo no salía a tocar así nomás. Salía de una forma... especial.

—¿Una forma prohibida?

—Supongo que sí.

—¿Qué forma es ésa?

Esto se está poniendo interesante.

El abuelo se mira las manos, que se han puesto a temblar. Las extiende muy cerca de mi cara.

—¿Ves estos dedos? —me dice—. Un día empezaron a menearse así cuando tocaba. Era penoso escucharme. ¿Y *sabés* qué? Ese día saqué más plata que nunca. Está visto que la lástima afloja el bolsillo de la gente.

El abuelo retira las manos de mis narices y las esconde con rabia en sus propios bolsillos. Luego sigue hablando:

—Así que me dije: ¿que quieren ustedes lástima? Pues tendrán lástima. Seré un trompetista viejo, temblón y, además, ciego. Desde el día siguiente me hice pasar por ciego. Y, la verdad, me empezó a ir bárbaro.

—Pero eso es engañar a la gente —digo yo.

—Bueno..., según se mire —replica el abuelo—. ¿Qué es lo que hace tu mamá en el teatro? También engaña a la gente. Finge. Y resulta que hacer teatro es un arte. Así que yo, según lo mires, soy un farsante... o un artista. *Podés* elegir lo que más te guste.

13
Top Respira me amarga la vida

No sé si el abuelo está saliendo estos días a tocar con Petra. Prefiero no preguntarle. A veces me lo imagino tocando en una esquina como un pobre hombre y se me arruga algo por dentro. El otro día, mira qué bobada, me encontré pensando que molaba más tener un abuelo atracador que uno pedigüeño.

Todavía no les he dicho a Susana y a Pato qué es realmente Petra. No es por vergüenza, ¿eh? El primer día se me olvidó, y luego, como pasó lo otro…

Lo otro es que mamá ha hecho un anuncio. No le dieron ningún papel en esa serie de televisión que quería, pero igual la tenemos a todas horas en la tele.

Salió por primera vez el lunes por la tarde, en el intermedio del concurso que le gusta al abuelo.

—¡Carmencita está en la tele! —aulló el abuelo.

Llegué a tiempo de ver la cara de mamá que llenaba toda la pantalla. Tenía una pinta horrible. Le lloraban los ojos, tenía la nariz colorada y la boca torcida.

—Con la nariz taponada, la vida no sabe a nada —se lamentaba.

Y sonaba como si tuviera una pinza en la nariz.

Luego te hablaban de unas gotas muy buenas que te iban a despejar la nariz, y al final salía otra vez mamá, esta vez muy sonriente y con una raqueta de tenis en la mano. Ella que no ha jugado al tenis en su vida. Mamá decía:

—Gotas Top Respira, disfruta a tope de la vida.

Y se acabó.

—Un papel corto, pero... endemoniadamente dramático —dijo el abuelo.

Mamá miró al suelo y no dijo nada. Sólo aspiró hondo por la nariz, como si se acabara de poner gotas Top Respira.

* * *

Por lo visto hay mucha gente en mi colegio que ve el concurso que le gusta al abuelo. El martes, en cuanto entré en el patio, empezó el cachondeo. Mis compañeros me rodearon y corearon tapándose la nariz:

—Con la nariz taponada, la vida no sabe a nada.

Y cuando empezaban a cansarse, al gracioso de Pato se le ocurrió:

—Cuando tienes muchos mocos, la vida te sabe a poco.

Ahí se acabó nuestra amistad.

Desde entonces ése es el juego favorito del colegio.

No puedo dar un paso sin que alguien invente un versito bobo:

—Con la nariz como una patata, la vida te sabe a...

—¡Caca! —corea una panda de cretinos.

Yo me pongo furiosa. Me parece que están insultando a mamá. Empiezo a repartir patadas sin mirar a quién, y los demás corren y corean con la nariz tapada:

—A quien patea con la izquierda la vida le sabe a...

Imagínate el resto.

Mi vida se ha vuelto dramática. No me hablo con la mitad de mi clase, empezando por Pato. Le he dado una bofetada a Gloria, una idiota dos años mayor que yo. Salgo la última del *cole* para que no me coreen cancioncillas tontas en el patio. Susana siempre me espera, y si oye a alguien cantar, se pone a hablarme a gritos de cualquier bobada, para que yo no oiga. Qué maja.

A mamá no le digo que soy desgraciada,

para no tener que explicarle por qué soy desgraciada. Y ella no se da cuenta de nada, de lo ocupada que está. Le ha entrado la fiebre de los «*castines*», como dice mi abuelo. No se pierde uno. Sigue haciendo de Muchedumbre todas las noches menos los lunes, y ha empezado a ensayar una obra en verso por las tardes.

Hoy apenas nos vemos un momento por la mañana.

—No olvides que tienes dentista —me dice—. Yo no puedo ir, pero te acompaña el abuelo. ¿Te acordarás, abuelo?

El abuelo está en la puerta de la cocina, con sus tres pelos de punta y envuelto en la bata rosa de mamá.

—El abuelo, el abuelo, siempre el abuelo —rezonga con voz ronca—. No sé qué harían en esta casa sin el abuelo.

14
El abuelo toma las riendas

No sé qué le ha entrado al abuelo. Él dice que «ha tomado las riendas de nuestro hogar». Eso significa que ahora es él quien hace la compra y se ocupa de la casa. En cuanto dejo tirado un calcetín, ya lo tengo detrás gritando:

—¡Claro! Para que luego venga la criada y lo recoja. ¡No sé qué educación le han dado a esta nena!

Porque gruñón sigue siendo un rato.

Él y yo ya no cenamos Chocolocos. Ahora son sopitas y purecitos de verduras.

—A ver si te compras ya la dentadura postiza... —protesto yo.

—Las verduras son buenas —responde el abuelo—. Hay que comer comida sana.

Lo dice y, ¡zaca!, nos planta un par de huevos fritos bien aceitosos de segundo. Eso sí, le salen estupendos y jamás se le rompe la yema.

—¡Pues no he hecho yo huevos fritos en mi vida ni nada! —dice muy ufano—. Trabajé tres meses en la cocina de un carguero.

—¿Cuándo fue eso? ¿Y qué es «un carguero»? —pregunto yo.

Pero él, en vez de explicármelo, se queja de lo ignorantes que somos las nenas de hoy. Nunca quiere hablar de su vida de antes.

Después de la cena hacemos los deberes en la mesa de la cocina. Él se pone a leer mis cuadernos y mis libros, dice que para ayudarme, pero al final soy yo la que tengo que explicarle todo. Cuando lee, sigue las líneas con el dedo. Mueve los labios y bisbisea.

—Para de leer en alto, abuelo, que no me concentro.

—¡No estoy leyendo en alto!
—¡Jo que no!
—¡Esto es el colmo! Vos a tu abuelo no le *mandás* callar. ¿Me oíste? ¿Es que tu mamá no te ha enseñado buenos modales?

Nos peleamos bastante el abuelo y yo, aunque se nos pasa pronto. Cuando hacemos los deberes, siempre discutimos por culpa de la ortografía. Nunca estamos de acuerdo sobre dónde van las haches. Apostamos antes de mirar en el diccionario. A veces gana él, a veces yo. El otro día, aprovechando que estaba en la «b» de «búho», miré «bagatela». «Cosa o asunto sin importancia», decía. No hablaba nada de atracos.

En ortografía andamos igualados, pero en redacción no hay quien gane al abuelo. Cuenta unas cosas increíbles. Desde hace unos días es él quien me cuenta las aventuras de Mariquilla Trotamundos, porque mamá está haciendo de Muchedumbre cuando me voy a acostar.

Mariquilla lleva varios días recorriendo América. Ayer, cuando volaba sobre México, se vio envuelta en una nube de mariposas. Las siguió y llegó a un lugar donde todo, pero todo, todo, estaba cubierto de mariposas: el suelo, los árboles... Dice el abuelo que ese lugar existe de verdad y que las mariposas se reúnen allí una vez al año.

Pero hoy, que el abuelo está un poco tristón, hace que Mariquilla vea desde el aire una montaña que lanza destellos, como si estuviera hecha de plata. Hay muchos niños recogiendo la plata. Mariquilla baja y ve que la montaña es un basurero en las afueras de Lima, y los destellos son de botellas y latas viejas.

Y encima, cuando Mariquilla está en medio de toda la porquería, se oye desde el salón la musiquita de la serie favorita del abuelo. El abuelo se levanta y dice a toda prisa:

—Mariquilla se pinchó con un alambre oxidado y le dio tétanos y se murió. Fin.

—Pero..., ¿por qué no le pusieron la vacuna? —sugiero yo.

—El hospital estaba muy lejos.

—Pero... Mariquilla no se puede morir.

—¿Cómo que no? En Perú los niños mueren de cosas así de sonsas todos los días, y ya eres grandecita para saberlo, che —replica el abuelo, impaciente.

—¡Pero es la protagonista, la buena de la historia!

—¿Y vos qué te crees? ¿Que los buenos no se mueren? ¿Que la justicia triunfa siempre? Eso es una pamplina. El mundo no es así. Mariquilla se infectó y se...

—¡No se murió! —ruego yo—. ¡Por favor!

—Dale, le damos veinticuatro horas a ver si se recupera. Y ahora a dormir —gruñe el abuelo apagando la luz.

¡Es de bruto a veces...!

15
Sucesos dramáticos

Hoy ha ocurrido una cosa horrible. En la parada de autobuses que está enfrente del colegio han cambiado de anuncio. Antes había uno de café. Esta mañana estaba la cara de mi madre, enorme, hinchada y triste, con unas letras encima que decían:

«Con la nariz taponada, la vida no sabe a nada.»

A la hora del recreo mamá tiene cuernos y granos. Y cuando por la tarde salgo con Susana, me encuentro a Gloria y a otras dos de su clase pintándole un moco en la nariz. Se ve que Gloria no me ha perdonado lo del bofetón.

Susana intenta retenerme por la manga, pero yo estoy loca de furia. Las embisto, pero me torean riéndose. Gloria me sujeta. Yo coceo y hago molinetes con los brazos sin alcanzar a nadie. Lo veo todo rojo. Lloro de rabia.

Entonces oigo a mi ex amigo Pato que se enfrenta a las mayores:

—¡Dejadla en paz! ¡Ay! Oye, tú, ojo con tocarme, que llevo gafas. Además soy un acusica... Se lo voy a decir a la Clementina. ¡Que la dejéis he dicho! No seríais tan chulitas si conocierais al abuelo de ésta.

—¿Qué le pasa al abuelo de ésta? —pregunta Gloria.

—¡Nada! —me apresuro a gritar yo.

—¡Que es un famoso atracador! —suelta Pato, que de pronto vuelve a ser mi amigo, pero sigue siendo un bocazas.

—¿Es verdad eso? —las mayores me dejan tranquila y rodean a Pato.

—¡Claro que es verdad! Y tiene un arma en casa —vocea Pato, por si todavía hay alguien del colegio que no se ha enterado.

Como ya no me hablo con Pato, no le he dicho que Petra no es más que una trompeta.

Las mayores me miran boquiabiertas. Yo no pestañeo. Si quieren pensar que tengo un abuelo bandido, allá ellas. Pero Gloria no parece muy convencida.

—¡Menos lobos, Caperucita! —se burla.

Mira el anuncio de mi madre, saca del bolsillo un rotulador y lo destapa con una sonrisa diabólica.

Entonces lo veo. Acaba de torcer la esquina. Camina despacio. Lleva un sombrero gris de gángster, unas gafas oscuras de gángster, una gabardina de gángster y un estuche negro de gángster.

—¡Atiza! ¡Al Capone! —exclama Pato.

—¡Es un ciego, bobo! —susurra Susana—. ¿No ves el bastón blanco?

El hombre camina derecho hacia mí y me pone una mano en el hombro.

—¡Lola! ¡Qué bueno que te encuentro!

—exclama—. A última hora me acordé de que tenía que llevarte al dentista.

—¿Qué dices, abuelo? —tartamudeo yo—. Si el dentista fue el martes pasado...

Noto que todos nos miran. Gloria y sus amigas retroceden unos cuantos pasos. Parecen nerviosas.

—¿Cómo se te ocurre venir así vestido? —le susurro al abuelo al oído.

—¿Así cómo? ¡Ah!

El abuelo parece darse cuenta de pronto de la pinta que lleva.

—Qué macana. Con las prisas no me di cuenta. Estaba trabajando cuando me acordé del dichoso dentista...

—Que no hay dentista, te he dicho —le interrumpo yo, y miro de reojo a los compañeros que nos observan.

—*Perdoname* —murmura el abuelo—. Te avergüenzo delante de tus amigos, ¿no?

Antes de que pueda contestar, Pato se acerca y mete baza.

—¡Díselo, tonta! ¡Díselo o se lo digo yo!
—¿Decirme qué? —pregunta el abuelo.
—Allí hay unas que necesitan una lección —Pato señala a Gloria y sus compinches, que retroceden unos cuantos pasos más—. ¿Por qué no la saca usted? —Pato señala con la cabeza el estuche negro.

El abuelo sonríe orgulloso y lleva la mano a los cierres del estuche. No sabe que Pato espera ver un arma automática, no una trompeta.

—¡No! ¡No la saques, abuelo! —suplico yo.

El abuelo suspira y mira a Pato encogiéndose de hombros.

—Mi nieta no quiere —murmura—. Se avergüenza de mí.

—No es eso, abuelo... —empiezo yo.

—Pues no sé de qué le tiene que dar vergüenza —declara Pato—. Es lo que dice mi madre: «En este mundo tiene que haber gente para todo: sin malos no habría buenos, sin ladrones no habría policías, sin pobres no habría ricos...»

—Anda, Pato, corta el rollo —le doy un codazo.

El abuelo me mira de reojo. Tiene un aspecto tan triste que se me arruga el corazón.

—Venga, abuelo, saca a Petra si quieres.

Hale, que todos la vean. Total, qué importa que la mema de Gloria se muera de risa y le siga pintando mocos a mi madre. Qué importa que Pato y Susana me tomen por una mentirosa. No se va a acabar por eso el mundo. Aunque a lo mejor me resulta un poquito más difícil vivir en él.

El abuelo, con aire solemne, se quita el sombrero y las gafas. Pone sobre el banco de la parada el estuche y hace saltar los cierres. Aprieto los párpados y espero las risotadas.

Un ¡tararíiiiiii! tremendo resuena por toda la calle. Abro los ojos a tiempo de ver cómo

Gloria y sus secuaces huyen como conejos, más asustadas que si hubieran oído una ráfaga de metralla.

Es que la música que sale de Petra impresiona. Unos cuantos tararís y tararás después, la parada del autobús está llena de gente que hace corro en torno al abuelo. Hay muchos compañeros del *cole*, y también profesores. Nadie habla. La música lo llena todo y parece que no hay sitio para nada más. Me duelen los pelos de lo erizados que los tengo.

La última nota se pierde en el cielo. Hay un instante de silencio. Y luego un montón de aplausos. El abuelo saluda inclinando varias veces la cabeza. Guarda con manos temblonas su trompeta y me da la mano. Ahí llega el autobús. Todo el mundo nos abre paso cuando nos acercamos a la puerta.

16
Las aventuras del Farandulero Fregado

Nos sentamos. El autobús se pone en marcha. El abuelo y yo guardamos silencio unos minutos. Como cuando sales de ver una película muy buena y no quieres romper el encanto hablando.

—Abuelo —digo por fin—, ¿por qué no me dijiste antes que eras el mejor trompetista del mundo?

El abuelo no responde. Se ha quedado dormido. Se le bambolea la cabeza con el traqueteo. Qué viejo y cansado parece.

—Abuelo… Abuelo, despierta… Nos bajamos.

Hemos llegado a nuestra parada. El abuelo abre los ojos. Me mira como si no me conociera y se deja llevar despacito hasta la puerta del autobús, y luego hasta casa.

Lo siento en el sofá y se queda allí sin moverse, con gesto aturdido.

—¿Te pongo la tele?

No contesta.

—¿Quieres oír el disco de Lola, la amapola?

Tampoco contesta, pero lo pongo igual y me siento a su lado a escucharlo. El abuelo tiene los ojos cerrados. Sólo una vez los abre, me mira y sonríe.

—Carmen... —dice.

Y yo respondo:

—Papá... —por no llevarle la contraria.

Suerte que entonces llega la Carmen de verdad.

—¿Estás malo, padre? —dice mamá cogiéndole las manos—. ¡Tienes las manos heladas! ¡Y estás sudando!

El abuelo la mira y murmura:

—No te preocupes, Dolores, que no es nada.

Mamá avisa al médico y llama al teatro para que busquen a otra que se muera en su lugar esta noche.

* * *

El médico ya se ha ido, el abuelo duerme, mamá prepara la cena. Y yo pienso que la vida es injusta. No es justo que cuando acabo de descubrir que tengo un abuelo genial se me ponga malo. ¿Y si se...?

—Mamá —trago saliva—. ¿El abuelo se va a morir?

Mamá espachurra un huevo frito en la sartén.

—¡Qué cosas dices, Lola! El abuelo está un poco... delicado. Tiene que descansar y cuidarse mucho. O mejor dicho: tú y yo tenemos que cuidarlo, como si fuera un niño pequeño. No debemos permitir que haga esfuerzos...

Recuerdo la cara contraída del abuelo cuando tocaba a Petra.

—Entonces, ¿ya no podrá tocar la trompeta? —pregunto.

—¿La trompeta? ¿El abuelo toca la trompeta? —se sorprende mamá.

—Pues claro. Es el mejor trompetista del mundo. ¿No lo sabías?

Mamá suspira y saca el huevo del aceite. Está hecho una pena.

—Hay tantas cosas de mi padre que no sé...

Pues lo que es yo... Yo pienso saberlo todo sobre el abuelo.

* * *

El abuelo se ha recuperado. Pasó un día en la cama, y dos en el sofá, sin hablar apenas. Pero hoy parece estar bien. Hasta me ayuda a preparar el trabajo que tengo que presentar mañana en clase. Y, desde luego, es el mismo refunfuñón de antes, siempre empeñado en tener la razón.

—¿A que «marabunta» no es con «b», mamá?

Busco una aliada en mamá, que esta noche tampoco ha ido al teatro. Pero ella se pone del lado del abuelo.

—Claro que es con «b», Lola.

¿Será verdad o lo dice sólo por seguirle la corriente? Como ha dicho el médico que no hay que darle disgustos...

—Además, tenéis que terminar ya. Hace rato que deberías estar en la cama.

—Ya está casi —responde el abuelo—. Las marabuntas, que devoran a un ser humano en cuestión de minutos y no dejan de él más que los huesos. Fin. ¿Qué te parece?

—Qué bruto eres, abuelo —murmuro, pero escribo lo que me ha dicho.

Creo que a mis compañeros les va a gustar mi exposición en clase. Con el abuelo, hasta un trabajo sobre las hormigas se convierte en un asunto dramático.

Cuando ya estoy lista para ir a la cama, asomo la cabeza por la puerta del salón.

—¿Me cuentas un viaje de Mariquilla, abuelo?

—Deja al abuelo tranquilo —interviene mamá—. Yo te lo cuento.

Jo, otra vez. Hace tres días que mamá me cuenta otra vez los viajes de Mariquilla, y la verdad es que echo de menos las mariposas de México, y hasta los basureros de Lima.

—Déjalo. Ya voy yo, Carmen —gruñe el abuelo, y se levanta como haciendo un gran esfuerzo.

¡El muy farsante! Seguro que se muere de ganas de contarme la historia.

Me meto corriendo en la cama, y el abuelo se sienta en la suya. Dejamos sólo la luz de la mesilla, para que haya más ambiente.

—Veamos... —el abuelo carraspea—. Habíamos dejado a Mariquilla en...

—La pobre no sobrevivió al tétanos —digo yo—. Se murió ayer.

—¿Qué me *decís*? ¿La vas a matar así nomás? —se sorprende el abuelo.

—Así es la vida, abuelo —respondo yo—. La gente a veces se muere de la forma más sonsa, y ya eres grandecito para saberlo.

—Pues si se ha muerto Mariquilla, eso me ahorra mucho trabajo —el abuelo se levanta para marcharse.

—Ah, no —interrumpo yo—. Hoy es el entierro. ¿Y sabes quién ha ido a tocar junto a su tumba?

—¿Quién?

—El Farandulero Fregado, un gran trompetista y viajero. Es uno que ha hecho montones de cosas emocionantes. Sabe de todo. Ha tenido mil oficios. Ha estado en mil países... Sobre todo en Argentina. Es un hombre muy interesante.

—No. Creo que te equivocas de persona —refunfuña el abuelo—. El Farandulero que yo conozco no es así.

—¿Pues cómo es?

—Es uno que de joven era un juerguista y un irresponsable. Le gustaba la noche, los teatros, los bares, el juego. Le aburrían los trabajos fijos, hacer todos los días lo mismo. Así que un día... ¡Bah! *Olvidalo.*

—Un día, ¿qué? —le animo yo.

—Quiso cambiar de vida —continúa el abuelo—. Abandonó a su mujer y a su hija y se fue a conocer mundo, el muy fresco.

—¿Qué tal le fue?

El abuelo se encogió de hombros.

—¡Qué sé yo! Como a cualquiera. A veces bien, a veces mal.

El abuelo frunce la boca y se cruza de brazos. Vaya chasco. Yo que me esperaba un montón de aventuras exóticas.

—¿Y por qué volvió a su país? —insisto.

—¡Ay! Por una cosa terrible que le pasó —suspira el abuelo.

¡Por fin llegamos a las aventuras emocionantes!

—¿Qué cosa? —pregunto impaciente.

—Que envejeció —gruñe el abuelo.

Se me escapa un gruñido de desencanto.

—Sí —continúa el abuelo—. Un día el Farandulero ese se encontró convertido en un viejo inútil. Estaba enfermo, solo, cansado, sin trabajo. Y sin ganas de seguir dando tumbos. Entonces volvió a su país, a chuparle la sangre a su familia. Punto y final.

—¿Cómo que punto y final? ¿Por qué se tiene que acabar la historia justo cuando aparezco yo? —se me escapa—. Además, tú no eres un viejo inútil. Tú eres un abuelo.

En el salón suena la música de la serie favorita del abuelo. Se levanta de su cama.

—Bah, bah, bah. Viejo, abuelo. ¿Qué diferencia hay? —gruñe impaciente—. Hale, hasta mañana.

—La diferencia es que un abuelo no deja a su nieta con una historia a medio contar —replico—. Ni siquiera cuando ponen en la tele su programa preferido.

El abuelo se deja caer otra vez en la cama.

—Dale, acabemos de una vez —bufa—. ¿Qué *querés* que te cuente?

—No sé… Algo emocionante que hayas hecho. ¿Has sido alguna vez domador de leones o algo así?

—¡Domador de leones! ¡*Mirá* vos! —se burla el abuelo—. Eso no, pero… veamos… Tuve una caseta de feria en Antofagasta.

—Anto… ¿Y eso dónde es?

—Chile, sonsa. Sudamérica. No sé lo que *aprendés* vos en esa escuela tuya.

El abuelo me da un coscorrón y empieza a contar…

*Para ti, Clara,
y para tu Abuelo Jose,
que de Presunto
no tiene un pelo.*

Paloma Bordons